उदासीन व्यक्तित्व का चरित्र

दुखद संबंध पर आधारित

मार्गी पटेल

यह किताब में अपने माता पिता एवं अपने कुल के गौरव को
सम्मानित करती हु

क्रम-सूची

प्रस्तावना

यह कविता का संग्रह किसी सम्बंधित घटना के मूल्य भाव को प्रकट करने के आधार का काम करता है, जिसमे टूटे हुए सम्भन्ध को व्यक्त किया हुआ है.

1. सम्भंधिक सुचिकाये

मुझे चाहिए था वो किसी सरत के बिना

उसे रहना था मेरे साथ फरक के बिना

समझना था एक दूजे को एक दूजे के बिना

ज़िन्दगी आज भी ज़िन्दगी है तेरे बिना

साल का साल आगे बढ़ रहा है

इंसान छोटे से बड़ा हो रहा है

केसा है यह वख्त जो पल पल बढ़ रहा है

आज का कुछ वख्त फिर जा रहा है

यह कोरोना का कहर है की जो पल पल

बढ़ता जा रहा है

यह पुरे दिन का सफर ख़तम हो रहा है

अब सब का सबर काम होता जा रहा है

Oo ज़िंदगी क्या तू पल पल बढ़ती जा रही है ???

प्यार होकर भी जता नहीं सकती

आंसू हो कर भी रो नहीं सकती

सामने हो कर भी कुछ कह नहीं सकती

सच बोलकर सब कुछ भुला नहीं सकती

क्यों कर रहे हो अफ़सोस ... अब में कुछ कर नहीं सकती.

विश्वास हो कर भी कर नहीं सकती

जुदा होकर भी जुदा हो नहीं सकती

क्यों कर रहे हो अफ़सोस... अब में कुछ कर नहीं सकती

2. प्यार एक जुठ है

वक्त का ना कोई ठिकाना है
जो कल नया था वह आज पुराना है
फिरभी जिंदगी की रहो पर यु ही चलते जाना है
जब किसी इंसान की संवेदना इतनी मर जाये
तो उसे बचा लीजियेगा
क्युकी सब कुछ छीन लिया
इसमें क्या बचा है जीने को
जब भी समय मिले तोह उस
इंसान की कदर कर लीजियेगा
क्युकी जब वोह नहीं होगा
तोह बचा हुआ जीवन भी व्यर्थ लगेगा
क्यों करते हो इतना प्यार की जुकना पद जाये
कम्बख्त तेरे इश्क़ में इतना गिर गए की अब रुकना
चाहिए
जालिमा तुम्हारे एक लव्ज़ को सुनने के लिए हमने पूरी
ज़िन्दगी निकल दी
अब तोह लगता है जैसे अपनी पूरी हयात इसी चक्कर में
बीत गयी
तुमने भी क्या सोचा होगा दर्द देते वक्त येह हमें नई पता
लेकिन इतना जरूर कहेंगे के येह पहली बार नै था
कुछ भी जूठा हो सकता है लेकिन अकेले में बहाये आंसू
नहीं

मामला यह न था की गम कितना था, मुद्दा यह था की
परवाह किसको थी
ये ग़ालिब यह समाज लेना की लोग परवाह तब ही करेंगे
जब आप उन्हें अनदेखा करना सिख गए
लेकिन हमें भी आपके जैसी आदत नयी थी
बस तेरे ना होने से इतनी सी ही कमी रह गयी थी की
में लाख मुस्कुराउ आखो में तेरे नमी सी रहती थी

3. धोखा जीवन का एक कड़वा सत्य

उनकी ना थी खता

हम ही गलत समाज बैठे थे ,

वोह मोहब्बत से बात करते थे

हम मोहब्बत समाज बैठे थे ,

जूनून इस कदर सवार था की हर सुबह उनकी एक लव्ज़
के लिया तड़प ते थे

बातचीत इस तरह से चलती थी मानो इस काइनात में
कोई दूजा नहीं तेरे सिवा

लेकिन अब लगता है जैसे यह दिखावा करने की कोई
साजिस थी

ग़ालिब इसी तरह यह हमारी प्रेम की कहानी थी

आज जिस्म में जान है तो देखते नहीं है लोग

जब रूह निकल जाएगी तोह कफ़न हटाकर देखेंगे लोग

अगर ज़िन्दगी जिनि है तोह तकलीफ में जिनि होगी

वार्ना मरने के बाद तोह जलने का भी एहसास नहीं होता

अगर खुदा ने फ़ुरसत में पूछ लिया तोह कह देंगे की

हुई थी महोब्बत मगर जिससे हुई हम उसके काबिल ना थे

पूछ्ने की फुर्सत तोह हमें भी बहुत थी की क्या कसार रह
गयी थी हमसे

लेकिन आपके उत्तरदायी में इतनी बरकत कहा थी की हमें

कोई असर हो सके

आपने इस कदर ठुकराया जैसे साँसे थम सी गयी थी

लगता था की मसला हमारा ही होगा

लेकिन क्या पता था की सिर्फ कदर हमें थी

आपने यह सिलसिला कबका दफ़न कर दिया था .

लोग पुछ रहे हैं हमें मेरी किताब का तरजुमा

अब कैसे लिए लोगो को की गई मोहब्बत का सिला

कतल सी यह रात थी ना तुम सो सकी, ना मुझे सोने
दिया

बस यही तक का सफर था अपना ?

अब ना में सेह सकता हु ना तुम समज सकती हो

ना अब कोई ख्वाइस बची है ना तुमने बचने दी है

ज़िद करने की उम्र में ज़िन्दगी ने सब्र करना सिखाया है

एक तुम हो नखरे तुम्हारे, एक हम है सड़के तुम्हारे ?

छोटी छोटी बात पे ज़ीद करने वाला आज अकेले में रोना
सिख गया

देखो माँ आपका बेटा अब बड़ा हो गया ?

अब चिंता मत करना माँ की ज़माने से कैसे लड़ेगा

क्युकी इन्ही ज़माने वालो ने धोखा देकर सख्त बना दिया

की अब किसी पर विश्वास ही नहीं ?

4. क्या भूल थी मेरी ?????????

क्या भूल थी मेरी, क्या भूल थी मेरी

खुली तस्वीर न दी यह बदनामी थी मेरी

बदनाम होकर भी, बदनाम ना किया तुजे

क्या यही मेरी तकदीर थी ?

क्या भूल थी मेरी, बस यही भूल थी मेरी.........

दूसरी थी वह खुद की रखी

याह वह मेरी तरह बेनाम रखी

तू मेरा होकर भी मेरा न था

और तू मेरा होकर भी गेरो का था

क्या भूल थी मेरी, बस यही भूल थी मेरी..............

खुली किताबो की तरह बिखरी हु में

मगर न पढ़ पाना बदकिस्मती है तेरी

तेरी वोह अनकही सी बातें

और ना जाने वह आंसू वाली राते

क्या भूल थी मेरी, बस आज भी यही भूल थी मेरी...........

लफ्ज़ो की बात, आँखों में थी मेरी

मगर छुप जाती, जब याद अति है तेरी,

याद करना ही एक भूल थी मेरी

बस यही भूल थी मेरी, बस यही भूल थी मेरी..............

भूल भूल में औरो को भुला दिया (२)

ना जाने अनजाने में ही सही
में तेरी एक भूल ही तोह थी
क्या भूल थी मेरी, भुला नयी पायी वही भूल थी
मेरी............
ना तुम्हे कोई अंदाज़ा था, ना ही था कोई पछतावा
मगर मुझे इतना तोह फक्र था,
की तू मेरा आज भी अपना था,
अपना समझना ही एक भूल थी मेरी,
क्या यही भूल थी मेरी, क्या गैर नै समजा नहीं यही भूल
थी मेरी........
क्या कमी थी तुज में, और मुज में
बस कुछ वक्त की कमी थी इसमें
तुज से प्यार किया फिर भी कमी सी रह गयी,
पक्का कुछ ना कुछ कमी तो मेरे में ही रह गयी होगी,
क्या भूल थी मेरी, बस नफरत नै कर पायी यही भूल थी
मेरी...........
पागल सी हो गयी थी तेरे प्यार में,
जुठ बोलने की आदत सी हो गयी थी.
सब कुछ जानकर भी चुप सी थी में,
बस यही चुप्पी आंसू बनकर रह जाती थी,
क्या भूल थी मेरी, बस रोती रही यही भूल थी मेरी............
आज मेरा प्यार भी एक भूल लगती है (२)
सब कुछ एक बराबर सा हो गया है ....
ना कुछ समझना बाकि है ....
ना ही समजाना बाकि है .....
अब सिर्फ ना ही ना दिख रही है ....
बस में तेरे लिए एक भूल लग रही हु.....